Dziennik ogrodniczy

To należy do:

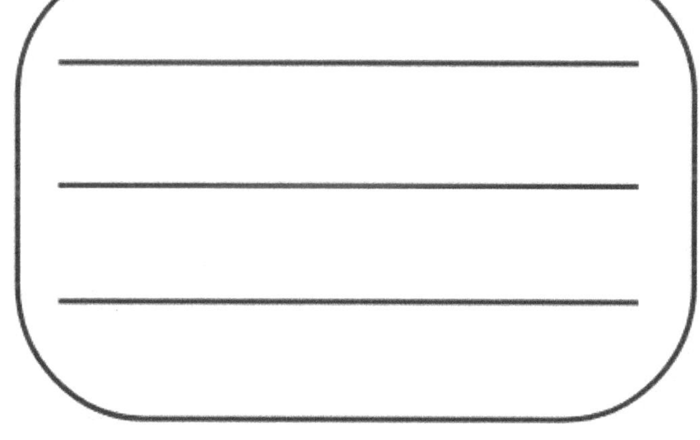

Dziennik ogrodniczy to niesamowity sposób na śledzenie swoich celów ogrodniczych dla początkujących i doświadczonych ogrodników.

Dziennik ogrodniczy

Nazwa	Lokalizacja
Dostawca	Cena

Klasa naukowa

Rośliny	○	Owoce
Ziele	○	Kwiatek
Krzew	○	Drzewo
Roczne	○	Dwuletni
Bylina	○	Sadzonka

Data

Kiełkujące

Zasadzone

Zebrane

Poziom światła

Słońce

Częściowe słońce

Odcień

Inne

Rozpoczęte od

Nasiona

Zakład

Ocena

Rozmiar	○○○○○
Kolor	○○○○○
Smak	○○○○○

Nawozy
i urządzenia

Zapotrzebowanie
na wodę

0%
mniej

Instrukcja
pielęgnacji

Instrukcja sadzenia

Uwagi dodatkowe

Dziennik ogrodniczy

| Nazwa | Lokalizacja |
| Dostawca | Cena |

Klasa naukowa

Rośliny	○	Owoce
Ziele	○	Kwiatek
Krzew	○	Drzewo
Roczne	○	Dwuletni
Bylina	○	Sadzonka

Data	Poziom światła
Kiełkujące	Słońce
Zasadzone	Częściowe słońce
	Odcień
Zebrane	Inne

Rozpoczęte od	Ocena
Nasiona	Rozmiar ○○○○○
Zakład	Kolor ○○○○○
	Smak ○○○○○

Nawozy i urządzenia

Zapotrzebowanie na wodę

0%
mniej

Instrukcja pielęgnacji

Instrukcja sadzenia

Uwagi dodatkowe

Dziennik ogrodniczy

Nazwa	Lokalizacja

Dostawca	Cena

Klasa naukowa

Rośliny	○	Owoce	
Ziele	○	Kwiatek	
Krzew	○	Drzewo	
Roczne	○	Dwuletni	
Bylina	○	Sadzonka	

Data

Kiełkujące

Zasadzone

Zebrane

Poziom światła

Słońce

Częściowe słońce

Odcień

Inne

Rozpoczęte od

Nasiona

Zakład

Ocena

Rozmiar	○○○○○
Kolor	○○○○○
Smak	○○○○○

Nawozy
i urządzenia

Zapotrzebowanie
na wodę

0%
mniej

Instrukcja
pielęgnacji

Instrukcja sadzenia

Uwagi dodatkowe

Dziennik ogrodniczy

Nazwa	Lokalizacja
Dostawca	Cena

Klasa naukowa

Rośliny	○	Owoce
Ziele	○	Kwiatek
Krzew	○	Drzewo
Roczne	○	Dwuletni
Bylina	○	Sadzonka

Data

Kiełkujące

Zasadzone

Zebrane

Poziom światła

Słońce

Częściowe słońce

Odcień

Inne

Rozpoczęte od

Nasiona

Zakład

Ocena

Rozmiar ○○○○○

Kolor ○○○○○

Smak ○○○○○

Nawozy
i urządzenia

Zapotrzebowanie
na wodę

0%
mniej

Instrukcja
pielęgnacji

Instrukcja sadzenia

Uwagi dodatkowe

Dziennik ogrodniczy

Nazwa	Lokalizacja
Dostawca	Cena

Klasa naukowa

Rośliny	○	Owoce
Ziele	○	Kwiatek
Krzew	○	Drzewo
Roczne	○	Dwuletni
Bylina	○	Sadzonka

Data

Kiełkujące

Zasadzone

Zebrane

Poziom światła

Słońce

Częściowe słońce

Odcień

Inne

Rozpoczęte od

Nasiona

Zakład

Ocena

Rozmiar ○○○○○

Kolor ○○○○○

Smak ○○○○○

Nawozy
i urządzenia

Zapotrzebowanie
na wodę

0%
mniej

Instrukcja
pielęgnacji

Instrukcja sadzenia

Uwagi dodatkowe

Dziennik ogrodniczy

Nazwa

Lokalizacja

Dostawca

Cena

Klasa naukowa

Rośliny	○	Owoce
Ziele	○	Kwiatek
Krzew	○	Drzewo
Roczne	○	Dwuletni
Bylina	○	Sadzonka

Data

Kiełkujące

Zasadzone

Zebrane

Poziom światła

Słońce

Częściowe słońce

Odcień

Inne

Rozpoczęte od

Nasiona

Zakład

Ocena

Rozmiar	○○○○○
Kolor	○○○○○
Smak	○○○○○

Nawozy i urządzenia	Zapotrzebowanie na wodę

0%
mniej

Instrukcja pielęgnacji	Instrukcja sadzenia

Uwagi dodatkowe

Dziennik ogrodniczy

Nazwa	Lokalizacja
Dostawca	Cena

Klasa naukowa

Rośliny	○	Owoce
Ziele	○	Kwiatek
Krzew	○	Drzewo
Roczne	○	Dwuletni
Bylina	○	Sadzonka

Data

Kiełkujące

Zasadzone

Zebrane

Poziom światła

Słońce

Częściowe słońce

Odcień

Inne

Rozpoczęte od

Nasiona

Zakład

Ocena

Rozmiar	○○○○○
Kolor	○○○○○
Smak	○○○○○

Nawozy
i urządzenia

Zapotrzebowanie
na wodę

0%
mniej

Instrukcja
pielęgnacji

Instrukcja sadzenia

Uwagi dodatkowe

Dziennik ogrodniczy

Nazwa		Lokalizacja	

Dostawca		Cena	

Klasa naukowa

Rośliny	○	Owoce
Ziele	○	Kwiatek
Krzew	○	Drzewo
Roczne	○	Dwuletni
Bylina	○	Sadzonka

Data

Kiełkujące

Zasadzone

Zebrane

Poziom światła

Słońce

Częściowe słońce

Odcień

Inne

Rozpoczęte od

Nasiona

Zakład

Ocena

Rozmiar ○○○○○

Kolor ○○○○○

Smak ○○○○○

Nawozy
i urządzenia

Zapotrzebowanie
na wodę

0%
mniej

Instrukcja
pielęgnacji

Instrukcja sadzenia

Uwagi dodatkowe

Dziennik ogrodniczy

Nazwa	Lokalizacja
Dostawca	Cena

Klasa naukowa

Rośliny	○	Owoce
Ziele	○	Kwiatek
Krzew	○	Drzewo
Roczne	○	Dwuletni
Bylina	○	Sadzonka

Data

Kiełkujące

Zasadzone

Zebrane

Poziom światła

Słońce

Częściowe słońce

Odcień

Inne

Rozpoczęte od

Nasiona

Zakład

Ocena

Rozmiar	○○○○○
Kolor	○○○○○
Smak	○○○○○

Nawozy
i urządzenia

Zapotrzebowanie
na wodę

0%
mniej

Instrukcja
pielęgnacji

Instrukcja sadzenia

Uwagi dodatkowe

Dziennik ogrodniczy

Nazwa	Lokalizacja

Dostawca	Cena

Klasa naukowa

Rośliny	○	Owoce
Ziele	○	Kwiatek
Krzew	○	Drzewo
Roczne	○	Dwuletni
Bylina	○	Sadzonka

Data

Kiełkujące

Zasadzone

Zebrane

Poziom światła

Słońce

Częściowe słońce

Odcień

Inne

Rozpoczęte od

Nasiona

Zakład

Ocena

Rozmiar	○○○○○
Kolor	○○○○○
Smak	○○○○○

**Nawozy
i urządzenia**

**Zapotrzebowanie
na wodę**

0%
mniej

**Instrukcja
pielęgnacji**

Instrukcja sadzenia

Uwagi dodatkowe

Dziennik ogrodniczy

| Nazwa | Lokalizacja |
| Dostawca | Cena |

Klasa naukowa

Rośliny	○	Owoce
Ziele	○	Kwiatek
Krzew	○	Drzewo
Roczne	○	Dwuletni
Bylina	○	Sadzonka

Data

Kiełkujące

Zasadzone

Zebrane

Poziom światła

Słońce

Częściowe słońce

Odcień

Inne

Rozpoczęte od

Nasiona

Zakład

Ocena

Rozmiar	○○○○○
Kolor	○○○○○
Smak	○○○○○

<table>
<tr><td>

Nawozy
i urządzenia

</td><td>

Zapotrzebowanie
na wodę

</td></tr>
</table>

0%
mniej

<table>
<tr><td>

Instrukcja
pielęgnacji

</td><td>

Instrukcja sadzenia

</td></tr>
</table>

Uwagi dodatkowe

Dziennik ogrodniczy

| Nazwa | Lokalizacja |

| Dostawca | Cena |

Klasa naukowa

Rośliny	○	Owoce
Ziele	○	Kwiatek
Krzew	○	Drzewo
Roczne	○	Dwuletni
Bylina	○	Sadzonka

Data

Kiełkujące

Zasadzone

Zebrane

Poziom światła

Słońce

Częściowe słońce

Odcień

Inne

Rozpoczęte od

Nasiona

Zakład

Ocena

Rozmiar ○○○○○

Kolor ○○○○○

Smak ○○○○○

Nawozy i urządzenia

Zapotrzebowanie na wodę

0%
mniej

Instrukcja pielęgnacji

Instrukcja sadzenia

Uwagi dodatkowe

Dziennik ogrodniczy

Nazwa

Lokalizacja

Dostawca

Cena

Klasa naukowa

Rośliny	○	Owoce
Ziele	○	Kwiatek
Krzew	○	Drzewo
Roczne	○	Dwuletni
Bylina	○	Sadzonka

Data

Kiełkujące

Zasadzone

Zebrane

Poziom światła

Słońce

Częściowe słońce

Odcień

Inne

Rozpoczęte od

Nasiona

Zakład

Ocena

Rozmiar	○○○○○
Kolor	○○○○○
Smak	○○○○○

Nawozy
i urządzenia

Zapotrzebowanie
na wodę

0%
mniej

Instrukcja
pielęgnacji

Instrukcja sadzenia

Uwagi dodatkowe

Dziennik ogrodniczy

Nazwa

Lokalizacja

Dostawca

Cena

Klasa naukowa

Rośliny ○ Owoce

Ziele ○ Kwiatek

Krzew ○ Drzewo

Roczne ○ Dwuletni

Bylina ○ Sadzonka

Data

Kiełkujące

Zasadzone

Zebrane

Poziom światła

Słońce

Częściowe słońce

Odcień

Inne

Rozpoczęte od

Nasiona

Zakład

Ocena

Rozmiar ○○○○○

Kolor ○○○○○

Smak ○○○○○

Nawozy i urządzenia

Zapotrzebowanie na wodę

0%
mniej

Instrukcja pielęgnacji

Instrukcja sadzenia

Uwagi dodatkowe

Dziennik ogrodniczy

Nazwa

Lokalizacja

Dostawca

Cena

Klasa naukowa

Rośliny	◯	Owoce
Ziele	◯	Kwiatek
Krzew	◯	Drzewo
Roczne	◯	Dwuletni
Bylina	◯	Sadzonka

Data

Kiełkujące

Zasadzone

Zebrane

Poziom światła

Słońce

Częściowe słońce

Odcień

Inne

Rozpoczęte od

Nasiona

Zakład

Ocena

Rozmiar ◯◯◯◯◯

Kolor ◯◯◯◯◯

Smak ◯◯◯◯◯

Nawozy i urządzenia	Zapotrzebowanie na wodę

0%
mniej

Instrukcja pielęgnacji	Instrukcja sadzenia

Uwagi dodatkowe

Dziennik ogrodniczy

Nazwa

Lokalizacja

Dostawca

Cena

Klasa naukowa

Rośliny	○	Owoce
Ziele	○	Kwiatek
Krzew	○	Drzewo
Roczne	○	Dwuletni
Bylina	○	Sadzonka

Data

Kiełkujące

Zasadzone

Zebrane

Poziom światła

Słońce

Częściowe słońce

Odcień

Inne

Rozpoczęte od

Nasiona

Zakład

Ocena

Rozmiar	○○○○○
Kolor	○○○○○
Smak	○○○○○

Nawozy
i urządzenia

Zapotrzebowanie
na wodę

0%
mniej

Instrukcja
pielęgnacji

Instrukcja sadzenia

Uwagi dodatkowe

Dziennik ogrodniczy

Nazwa	Lokalizacja
Dostawca	Cena

Klasa naukowa

Rośliny	○	Owoce
Ziele	○	Kwiatek
Krzew	○	Drzewo
Roczne	○	Dwuletni
Bylina	○	Sadzonka

Data

Kiełkujące

Zasadzone

Zebrane

Poziom światła

Słońce

Częściowe słońce

Odcień

Inne

Rozpoczęte od

Nasiona

Zakład

Ocena

Rozmiar	○○○○○
Kolor	○○○○○
Smak	○○○○○

Nawozy
i urządzenia

Zapotrzebowanie
na wodę

0%
mniej

Instrukcja
pielęgnacji

Instrukcja sadzenia

Uwagi dodatkowe

Dziennik ogrodniczy

Nazwa		Lokalizacja	

Dostawca		Cena	

Klasa naukowa

Rośliny	○	Owoce
Ziele	○	Kwiatek
Krzew	○	Drzewo
Roczne	○	Dwuletni
Bylina	○	Sadzonka

Data

Kiełkujące

Zasadzone

Zebrane

Poziom światła

Słońce

Częściowe słońce

Odcień

Inne

Rozpoczęte od

Nasiona

Zakład

Ocena

Rozmiar ○○○○○

Kolor ○○○○○

Smak ○○○○○

Nawozy i urządzenia

Zapotrzebowanie na wodę

0% mniej

Instrukcja pielęgnacji

Instrukcja sadzenia

Uwagi dodatkowe

Dziennik ogrodniczy

Nazwa		Lokalizacja
Dostawca		Cena

<table>
<tr><td colspan="3" align="center">Klasa naukowa</td></tr>
<tr><td>Rośliny</td><td>○</td><td>Owoce</td></tr>
<tr><td>Ziele</td><td>○</td><td>Kwiatek</td></tr>
<tr><td>Krzew</td><td>○</td><td>Drzewo</td></tr>
<tr><td>Roczne</td><td>○</td><td>Dwuletni</td></tr>
<tr><td>Bylina</td><td>○</td><td>Sadzonka</td></tr>
</table>

Data		Poziom światła
Kiełkujące		Słońce
Zasadzone		Częściowe słońce
		Odcień
Zebrane		Inne

Rozpoczęte od		Ocena
Nasiona		Rozmiar ○○○○○
Zakład		Kolor ○○○○○
		Smak ○○○○○

Nawozy
i urządzenia

Zapotrzebowanie
na wodę

0%
mniej

Instrukcja
pielęgnacji

Instrukcja sadzenia

Uwagi dodatkowe

Dziennik ogrodniczy

Nazwa		Lokalizacja	

Dostawca		Cena	

Klasa naukowa

Rośliny	○	Owoce
Ziele	○	Kwiatek
Krzew	○	Drzewo
Roczne	○	Dwuletni
Bylina	○	Sadzonka

Data

Kiełkujące

Zasadzone

Zebrane

Poziom światła

Słońce

Częściowe słońce

Odcień

Inne

Rozpoczęte od

Nasiona

Zakład

Ocena

Rozmiar	○○○○○
Kolor	○○○○○
Smak	○○○○○

Nawozy i urządzenia	Zapotrzebowanie na wodę

0%
mniej

Instrukcja pielęgnacji	Instrukcja sadzenia

Uwagi dodatkowe

Dziennik ogrodniczy

Nazwa	Lokalizacja
Dostawca	Cena

Klasa naukowa

Rośliny	○	Owoce
Ziele	○	Kwiatek
Krzew	○	Drzewo
Roczne	○	Dwuletni
Bylina	○	Sadzonka

Data

Kiełkujące

Zasadzone

Zebrane

Poziom światła

Słońce

Częściowe słońce

Odcień

Inne

Rozpoczęte od

Nasiona

Zakład

Ocena

Rozmiar	○○○○○
Kolor	○○○○○
Smak	○○○○○

Nawozy
i urządzenia

Zapotrzebowanie
na wodę

0%
mniej

Instrukcja
pielęgnacji

Instrukcja sadzenia

Uwagi dodatkowe

Dziennik ogrodniczy

Nazwa		Lokalizacja	

Dostawca		Cena	

Klasa naukowa

Rośliny	○	Owoce
Ziele	○	Kwiatek
Krzew	○	Drzewo
Roczne	○	Dwuletni
Bylina	○	Sadzonka

Data

Kiełkujące

Zasadzone

Zebrane

Poziom światła

Słońce

Częściowe słońce

Odcień

Inne

Rozpoczęte od

Nasiona

Zakład

Ocena

Rozmiar	○○○○○
Kolor	○○○○○
Smak	○○○○○

Nawozy
i urządzenia

Zapotrzebowanie
na wodę

0%
mniej

Instrukcja
pielęgnacji

Instrukcja sadzenia

Uwagi dodatkowe

Dziennik ogrodniczy

Nazwa	Lokalizacja

Dostawca	Cena

Klasa naukowa

Rośliny	○	Owoce
Ziele	○	Kwiatek
Krzew	○	Drzewo
Roczne	○	Dwuletni
Bylina	○	Sadzonka

Data

Kiełkujące

Zasadzone

Zebrane

Poziom światła

Słońce

Częściowe słońce

Odcień

Inne

Rozpoczęte od

Nasiona

Zakład

Ocena

Rozmiar ○○○○○

Kolor ○○○○○

Smak ○○○○○

Nawozy
i urządzenia

Zapotrzebowanie
na wodę

0%
mniej

Instrukcja
pielęgnacji

Instrukcja sadzenia

Uwagi dodatkowe

Dziennik ogrodniczy

Nazwa	Lokalizacja

Dostawca	Cena

Klasa naukowa

Rośliny	○	Owoce
Ziele	○	Kwiatek
Krzew	○	Drzewo
Roczne	○	Dwuletni
Bylina	○	Sadzonka

Data

Kiełkujące

Zasadzone

Zebrane

Poziom światła

Słońce

Częściowe słońce

Odcień

Inne

Rozpoczęte od

Nasiona

Zakład

Ocena

Rozmiar ○○○○○

Kolor ○○○○○

Smak ○○○○○

Nawozy
i urządzenia

Zapotrzebowanie
na wodę

0%
mniej

Instrukcja
pielęgnacji

Instrukcja sadzenia

Uwagi dodatkowe

Dziennik ogrodniczy

Nazwa	Lokalizacja
Dostawca	Cena

Klasa naukowa

Rośliny	○	Owoce
Ziele	○	Kwiatek
Krzew	○	Drzewo
Roczne	○	Dwuletni
Bylina	○	Sadzonka

Data

Kiełkujące

Zasadzone

Zebrane

Poziom światła

Słońce

Częściowe słońce

Odcień

Inne

Rozpoczęte od

Nasiona

Zakład

Ocena

Rozmiar	○○○○○
Kolor	○○○○○
Smak	○○○○○

Nawozy
i urządzenia

Zapotrzebowanie
na wodę

0%
mniej

Instrukcja
pielęgnacji

Instrukcja sadzenia

Uwagi dodatkowe

Dziennik ogrodniczy

Nazwa	Lokalizacja
Dostawca	Cena

Klasa naukowa

Rośliny	○	Owoce
Ziele	○	Kwiatek
Krzew	○	Drzewo
Roczne	○	Dwuletni
Bylina	○	Sadzonka

Data

Kiełkujące

Zasadzone

Zebrane

Poziom światła

Słońce

Częściowe słońce

Odcień

Inne

Rozpoczęte od

Nasiona

Zakład

Ocena

Rozmiar ○○○○○

Kolor ○○○○○

Smak ○○○○○

Nawozy
i urządzenia

Zapotrzebowanie
na wodę

0%
mniej

Instrukcja
pielęgnacji

Instrukcja sadzenia

Uwagi dodatkowe

Dziennik ogrodniczy

Nazwa	Lokalizacja
Dostawca	Cena

Klasa naukowa

Rośliny	○	Owoce
Ziele	○	Kwiatek
Krzew	○	Drzewo
Roczne	○	Dwuletni
Bylina	○	Sadzonka

Data

Kiełkujące

Zasadzone

Zebrane

Poziom światła

Słońce

Częściowe słońce

Odcień

Inne

Rozpoczęte od

Nasiona

Zakład

Ocena

Rozmiar ○○○○○

Kolor ○○○○○

Smak ○○○○○

Nawozy
i urządzenia

Zapotrzebowanie
na wodę

0%
mniej

Instrukcja
pielęgnacji

Instrukcja sadzenia

Uwagi dodatkowe

Dziennik ogrodniczy

Nazwa	Lokalizacja

Dostawca	Cena

Klasa naukowa

Rośliny	○	Owoce
Ziele	○	Kwiatek
Krzew	○	Drzewo
Roczne	○	Dwuletni
Bylina	○	Sadzonka

Data

Kiełkujące

Zasadzone

Zebrane

Poziom światła

Słońce

Częściowe słońce

Odcień

Inne

Rozpoczęte od

Nasiona

Zakład

Ocena

Rozmiar	○○○○○
Kolor	○○○○○
Smak	○○○○○

Nawozy
i urządzenia

Zapotrzebowanie
na wodę

0%
mniej

Instrukcja
pielęgnacji

Instrukcja sadzenia

Uwagi dodatkowe

Dziennik ogrodniczy

Nazwa

Lokalizacja

Dostawca

Cena

Klasa naukowa

Rośliny	○	Owoce
Ziele	○	Kwiatek
Krzew	○	Drzewo
Roczne	○	Dwuletni
Bylina	○	Sadzonka

Data

Kiełkujące

Zasadzone

Zebrane

Poziom światła

Słońce

Częściowe słońce

Odcień

Inne

Rozpoczęte od

Nasiona

Zakład

Ocena

Rozmiar ○○○○○

Kolor ○○○○○

Smak ○○○○○

Nawozy i urządzenia

Zapotrzebowanie na wodę

0%
mniej

Instrukcja pielęgnacji

Instrukcja sadzenia

Uwagi dodatkowe

Dziennik ogrodniczy

Nazwa	Lokalizacja

Dostawca	Cena

Klasa naukowa

Rośliny	○	Owoce
Ziele	○	Kwiatek
Krzew	○	Drzewo
Roczne	○	Dwuletni
Bylina	○	Sadzonka

Data

Kiełkujące

Zasadzone

Zebrane

Poziom światła

Słońce

Częściowe słońce

Odcień

Inne

Rozpoczęte od

Nasiona

Zakład

Ocena

Rozmiar	○○○○○
Kolor	○○○○○
Smak	○○○○○

Nawozy i urządzenia	Zapotrzebowanie na wodę

0%
mniej

Instrukcja pielęgnacji	Instrukcja sadzenia

Uwagi dodatkowe

Dziennik ogrodniczy

Nazwa

Lokalizacja

Dostawca

Cena

Klasa naukowa

Rośliny	○	Owoce
Ziele	○	Kwiatek
Krzew	○	Drzewo
Roczne	○	Dwuletni
Bylina	○	Sadzonka

Data

Kiełkujące

Zasadzone

Zebrane

Poziom światła

Słońce

Częściowe słońce

Odcień

Inne

Rozpoczęte od

Nasiona

Zakład

Ocena

Rozmiar	○○○○○
Kolor	○○○○○
Smak	○○○○○

<table>
<tr><td>

Nawozy
i urządzenia

</td><td>

Zapotrzebowanie
na wodę

</td></tr>
</table>

0%
mniej

Instrukcja
pielęgnacji

Instrukcja sadzenia

Uwagi dodatkowe

Dziennik ogrodniczy

| Nazwa | Lokalizacja |

| Dostawca | Cena |

<table>
<tr><td colspan="2" align="center">Klasa naukowa</td></tr>
<tr><td>Rośliny ○</td><td>Owoce</td></tr>
<tr><td>Ziele ○</td><td>Kwiatek</td></tr>
<tr><td>Krzew ○</td><td>Drzewo</td></tr>
<tr><td>Roczne ○</td><td>Dwuletni</td></tr>
<tr><td>Bylina ○</td><td>Sadzonka</td></tr>
</table>

Data

Kiełkujące

Zasadzone

Zebrane

Poziom światła

Słońce

Częściowe słońce

Odcień

Inne

Rozpoczęte od

Nasiona

Zakład

Ocena

Rozmiar ○○○○○

Kolor ○○○○○

Smak ○○○○○

Nawozy
i urządzenia

Zapotrzebowanie
na wodę

0%
mniej

Instrukcja
pielęgnacji

Instrukcja sadzenia

Uwagi dodatkowe

Dziennik ogrodniczy

Nazwa	Lokalizacja

Dostawca	Cena

Klasa naukowa

Rośliny	○	Owoce
Ziele	○	Kwiatek
Krzew	○	Drzewo
Roczne	○	Dwuletni
Bylina	○	Sadzonka

Data

Kiełkujące

Zasadzone

Zebrane

Poziom światła

Słońce

Częściowe słońce

Odcień

Inne

Rozpoczęte od

Nasiona

Zakład

Ocena

Rozmiar ○○○○○

Kolor ○○○○○

Smak ○○○○○

Nawozy
i urządzenia

Zapotrzebowanie
na wodę

0%
mniej

Instrukcja
pielęgnacji

Instrukcja sadzenia

Uwagi dodatkowe

Dziennik ogrodniczy

Klasa naukowa

Rośliny	○	Owoce
Ziele	○	Kwiatek
Krzew	○	Drzewo
Roczne	○	Dwuletni
Bylina	○	Sadzonka

Data

Kiełkujące

Zasadzone

Zebrane

Poziom światła

Słońce

Częściowe słońce

Odcień

Inne

Rozpoczęte od

Nasiona

Zakład

Ocena

Rozmiar	○○○○○
Kolor	○○○○○
Smak	○○○○○

Nawozy
i urządzenia

Zapotrzebowanie
na wodę

0%
mniej

Instrukcja
pielęgnacji

Instrukcja sadzenia

Uwagi dodatkowe

Dziennik ogrodniczy

Nazwa	Lokalizacja
Dostawca	Cena

Klasa naukowa

Rośliny	○	Owoce
Ziele	○	Kwiatek
Krzew	○	Drzewo
Roczne	○	Dwuletni
Bylina	○	Sadzonka

Data

Kiełkujące

Zasadzone

Zebrane

Poziom światła

Słońce

Częściowe słońce

Odcień

Inne

Rozpoczęte od

Nasiona

Zakład

Ocena

Rozmiar	○○○○○
Kolor	○○○○○
Smak	○○○○○

Nawozy
i urządzenia

Zapotrzebowanie
na wodę

0%
mniej

Instrukcja
pielęgnacji

Instrukcja sadzenia

Uwagi dodatkowe

Dziennik ogrodniczy

Nazwa	Lokalizacja
Dostawca	Cena

Klasa naukowa

Rośliny	○	Owoce
Ziele	○	Kwiatek
Krzew	○	Drzewo
Roczne	○	Dwuletni
Bylina	○	Sadzonka

Data

Kiełkujące

Zasadzone

Zebrane

Poziom światła

Słońce

Częściowe słońce

Odcień

Inne

Rozpoczęte od

Nasiona

Zakład

Ocena

Rozmiar	○○○○○
Kolor	○○○○○
Smak	○○○○○

Nawozy
i urządzenia

Zapotrzebowanie
na wodę

0%
mniej

Instrukcja
pielęgnacji

Instrukcja sadzenia

Uwagi dodatkowe

Dziennik ogrodniczy

Nazwa	Lokalizacja

Dostawca	Cena

Klasa naukowa

Rośliny	○	Owoce
Ziele	○	Kwiatek
Krzew	○	Drzewo
Roczne	○	Dwuletni
Bylina	○	Sadzonka

Data

Kiełkujące

Zasadzone

Zebrane

Poziom światła

Słońce

Częściowe słońce

Odcień

Inne

Rozpoczęte od

Nasiona

Zakład

Ocena

Rozmiar	○○○○○
Kolor	○○○○○
Smak	○○○○○

Nawozy
i urządzenia

Zapotrzebowanie
na wodę

0%
mniej

Instrukcja
pielęgnacji

Instrukcja sadzenia

Uwagi dodatkowe

Dziennik ogrodniczy

Nazwa	Lokalizacja

Dostawca	Cena

Klasa naukowa

Rośliny	○	Owoce
Ziele	○	Kwiatek
Krzew	○	Drzewo
Roczne	○	Dwuletni
Bylina	○	Sadzonka

Data

Kiełkujące

Zasadzone

Zebrane

Poziom światła

Słońce

Częściowe słońce

Odcień

Inne

Rozpoczęte od

Nasiona

Zakład

Ocena

Rozmiar	○○○○○
Kolor	○○○○○
Smak	○○○○○

Nawozy
i urządzenia

Zapotrzebowanie
na wodę

0%
mniej

Instrukcja
pielęgnacji

Instrukcja sadzenia

Uwagi dodatkowe

Dziennik ogrodniczy

Klasa naukowa

Rośliny	○	Owoce
Ziele	○	Kwiatek
Krzew	○	Drzewo
Roczne	○	Dwuletni
Bylina	○	Sadzonka

Data

Kiełkujące

Zasadzone

Zebrane

Poziom światła

Słońce

Częściowe słońce

Odcień

Inne

Rozpoczęte od

Nasiona

Zakład

Ocena

Rozmiar	○○○○○
Kolor	○○○○○
Smak	○○○○○

Nawozy
i urządzenia

Zapotrzebowanie
na wodę

0%
mniej

Instrukcja
pielęgnacji

Instrukcja sadzenia

Uwagi dodatkowe

Dziennik ogrodniczy

Nazwa	Lokalizacja
Dostawca	Cena

Klasa naukowa

Rośliny	○	Owoce
Ziele	○	Kwiatek
Krzew	○	Drzewo
Roczne	○	Dwuletni
Bylina	○	Sadzonka

Data

Kiełkujące

Zasadzone

Zebrane

Poziom światła

Słońce

Częściowe słońce

Odcień

Inne

Rozpoczęte od

Nasiona

Zakład

Ocena

Rozmiar	○○○○○
Kolor	○○○○○
Smak	○○○○○

Nawozy
i urządzenia

Zapotrzebowanie
na wodę

0%
mniej

Instrukcja
pielęgnacji

Instrukcja sadzenia

Uwagi dodatkowe

Dziennik ogrodniczy

Nazwa

Lokalizacja

Dostawca

Cena

Klasa naukowa

Rośliny	○	Owoce
Ziele	○	Kwiatek
Krzew	○	Drzewo
Roczne	○	Dwuletni
Bylina	○	Sadzonka

Data

Kiełkujące

Zasadzone

Zebrane

Poziom światła

Słońce

Częściowe słońce

Odcień

Inne

Rozpoczęte od

Nasiona

Zakład

Ocena

Rozmiar	○○○○○
Kolor	○○○○○
Smak	○○○○○

Nawozy
i urządzenia

Zapotrzebowanie
na wodę

0%
mniej

Instrukcja
pielęgnacji

Instrukcja sadzenia

Uwagi dodatkowe

Dziennik ogrodniczy

Nazwa		Lokalizacja	
Dostawca		Cena	

Klasa naukowa

Rośliny	◯	Owoce
Ziele	◯	Kwiatek
Krzew	◯	Drzewo
Roczne	◯	Dwuletni
Bylina	◯	Sadzonka

Data

Kiełkujące

Zasadzone

Zebrane

Poziom światła

Słońce

Częściowe słońce

Odcień

Inne

Rozpoczęte od

Nasiona

Zakład

Ocena

Rozmiar	◯◯◯◯◯
Kolor	◯◯◯◯◯
Smak	◯◯◯◯◯

Nawozy
i urządzenia

Zapotrzebowanie
na wodę

0%
mniej

Instrukcja
pielęgnacji

Instrukcja sadzenia

Uwagi dodatkowe

Dziennik ogrodniczy

Nazwa	Lokalizacja

Dostawca	Cena

Klasa naukowa

Rośliny	◯	Owoce
Ziele	◯	Kwiatek
Krzew	◯	Drzewo
Roczne	◯	Dwuletni
Bylina	◯	Sadzonka

Data

Kiełkujące

Zasadzone

Zebrane

Poziom światła

Słońce

Częściowe słońce

Odcień

Inne

Rozpoczęte od

Nasiona

Zakład

Ocena

Rozmiar ◯◯◯◯◯

Kolor ◯◯◯◯◯

Smak ◯◯◯◯◯

Nawozy i urządzenia

Zapotrzebowanie na wodę

0%
mniej

Instrukcja pielęgnacji

Instrukcja sadzenia

Uwagi dodatkowe

Dziennik ogrodniczy

| Nazwa | Lokalizacja |

| Dostawca | Cena |

Klasa naukowa

Rośliny	◯	Owoce
Ziele	◯	Kwiatek
Krzew	◯	Drzewo
Roczne	◯	Dwuletni
Bylina	◯	Sadzonka

Data

Kiełkujące

Zasadzone

Zebrane

Poziom światła

Słońce

Częściowe słońce

Odcień

Inne

Rozpoczęte od

Nasiona

Zakład

Ocena

Rozmiar ◯◯◯◯◯

Kolor ◯◯◯◯◯

Smak ◯◯◯◯◯

Nawozy
i urządzenia

Zapotrzebowanie
na wodę

0%
mniej

Instrukcja
pielęgnacji

Instrukcja sadzenia

Uwagi dodatkowe

Dziennik ogrodniczy

Nazwa		Lokalizacja	
Dostawca		Cena	

Klasa naukowa

Rośliny	○	Owoce
Ziele	○	Kwiatek
Krzew	○	Drzewo
Roczne	○	Dwuletni
Bylina	○	Sadzonka

Data

Kiełkujące

Zasadzone

Zebrane

Poziom światła

Słońce

Częściowe słońce

Odcień

Inne

Rozpoczęte od

Nasiona

Zakład

Ocena

Rozmiar	○○○○○
Kolor	○○○○○
Smak	○○○○○

Nawozy
i urządzenia

Zapotrzebowanie
na wodę

0%
mniej

Instrukcja
pielęgnacji

Instrukcja sadzenia

Uwagi dodatkowe

Dziennik ogrodniczy

Nazwa		Lokalizacja
Dostawca		Cena

Klasa naukowa

Rośliny	○	Owoce
Ziele	○	Kwiatek
Krzew	○	Drzewo
Roczne	○	Dwuletni
Bylina	○	Sadzonka

Data

Kiełkujące

Zasadzone

Zebrane

Poziom światła

Słońce

Częściowe słońce

Odcień

Inne

Rozpoczęte od

Nasiona

Zakład

Ocena

Rozmiar	○○○○○
Kolor	○○○○○
Smak	○○○○○

Nawozy
i urządzenia

Zapotrzebowanie
na wodę

0%
mniej

Instrukcja
pielęgnacji

Instrukcja sadzenia

Uwagi dodatkowe

Dziennik ogrodniczy

Klasa naukowa

Rośliny	○	Owoce
Ziele	○	Kwiatek
Krzew	○	Drzewo
Roczne	○	Dwuletni
Bylina	○	Sadzonka

Data

Kiełkujące

Zasadzone

Zebrane

Poziom światła

Słońce

Częściowe słońce

Odcień

Inne

Rozpoczęte od

Nasiona

Zakład

Ocena

Rozmiar	○○○○○
Kolor	○○○○○
Smak	○○○○○

Nawozy
i urządzenia

Zapotrzebowanie
na wodę

0%
mniej

Instrukcja
pielęgnacji

Instrukcja sadzenia

Uwagi dodatkowe

Dziennik ogrodniczy

Nazwa	Lokalizacja
Dostawca	Cena

Klasa naukowa

Rośliny	○	Owoce
Ziele	○	Kwiatek
Krzew	○	Drzewo
Roczne	○	Dwuletni
Bylina	○	Sadzonka

Data

Kiełkujące

Zasadzone

Zebrane

Poziom światła

Słońce

Częściowe słońce

Odcień

Inne

Rozpoczęte od

Nasiona

Zakład

Ocena

Rozmiar	○○○○○
Kolor	○○○○○
Smak	○○○○○

<table>
<tr><td>

Nawozy i urządzenia

</td><td>

Zapotrzebowanie na wodę

</td></tr>
</table>

0%
mniej

Instrukcja pielęgnacji

Instrukcja sadzenia

Uwagi dodatkowe

Dziennik ogrodniczy

Nazwa		Lokalizacja	
Dostawca		Cena	

Klasa naukowa

Rośliny	○	Owoce
Ziele	○	Kwiatek
Krzew	○	Drzewo
Roczne	○	Dwuletni
Bylina	○	Sadzonka

Data

Kiełkujące

Zasadzone

Zebrane

Poziom światła

Słońce

Częściowe słońce

Odcień

Inne

Rozpoczęte od

Nasiona

Zakład

Ocena

Rozmiar	○○○○○
Kolor	○○○○○
Smak	○○○○○

<table>
<tr><td>Nawozy
i urządzenia</td><td>Zapotrzebowanie
na wodę</td></tr>
</table>

0%
mniej

Instrukcja pielęgnacji

Instrukcja sadzenia

Uwagi dodatkowe

Dziennik ogrodniczy

Nazwa	Lokalizacja
Dostawca	Cena

Klasa naukowa

Rośliny	◯	Owoce
Ziele	◯	Kwiatek
Krzew	◯	Drzewo
Roczne	◯	Dwuletni
Bylina	◯	Sadzonka

Data

Kiełkujące

Zasadzone

Zebrane

Poziom światła

Słońce

Częściowe słońce

Odcień

Inne

Rozpoczęte od

Nasiona

Zakład

Ocena

Rozmiar	◯◯◯◯◯
Kolor	◯◯◯◯◯
Smak	◯◯◯◯◯

**Nawozy
i urządzenia**

**Zapotrzebowanie
na wodę**

0%
mniej

**Instrukcja
pielęgnacji**

Instrukcja sadzenia

Uwagi dodatkowe

Dziennik ogrodniczy

Nazwa	Lokalizacja

Dostawca	Cena

Klasa naukowa

Rośliny	○	Owoce
Ziele	○	Kwiatek
Krzew	○	Drzewo
Roczne	○	Dwuletni
Bylina	○	Sadzonka

Data

Kiełkujące

Zasadzone

Zebrane

Poziom światła

Słońce

Częściowe słońce

Odcień

Inne

Rozpoczęte od

Nasiona

Zakład

Ocena

Rozmiar	○○○○○
Kolor	○○○○○
Smak	○○○○○

Nawozy
i urządzenia

Zapotrzebowanie
na wodę

0%
mniej

Instrukcja
pielęgnacji

Instrukcja sadzenia

Uwagi dodatkowe

Dziennik ogrodniczy

Nazwa

Lokalizacja

Dostawca

Cena

Klasa naukowa

Rośliny	○	Owoce
Ziele	○	Kwiatek
Krzew	○	Drzewo
Roczne	○	Dwuletni
Bylina	○	Sadzonka

Data

Kiełkujące

Zasadzone

Zebrane

Poziom światła

Słońce

Częściowe słońce

Odcień

Inne

Rozpoczęte od

Nasiona

Zakład

Ocena

Rozmiar	○○○○○
Kolor	○○○○○
Smak	○○○○○

Nawozy
i urządzenia

Zapotrzebowanie
na wodę

0%
mniej

Instrukcja
pielęgnacji

Instrukcja sadzenia

Uwagi dodatkowe

Dziennik ogrodniczy

<table>
<tr><td>Nazwa</td><td>Lokalizacja</td></tr>
<tr><td>Dostawca</td><td>Cena</td></tr>
</table>

Klasa naukowa

Rośliny	○	Owoce
Ziele	○	Kwiatek
Krzew	○	Drzewo
Roczne	○	Dwuletni
Bylina	○	Sadzonka

Data

Kiełkujące

Zasadzone

Zebrane

Poziom światła

Słońce

Częściowe słońce

Odcień

Inne

Rozpoczęte od

Nasiona

Zakład

Ocena

Rozmiar ○○○○○

Kolor ○○○○○

Smak ○○○○○

Nawozy
i urządzenia

Zapotrzebowanie
na wodę

0%
mniej

Instrukcja
pielęgnacji

Instrukcja sadzenia

Uwagi dodatkowe

Dziennik ogrodniczy

Nazwa

Lokalizacja

Dostawca

Cena

Klasa naukowa

Rośliny	○	Owoce
Ziele	○	Kwiatek
Krzew	○	Drzewo
Roczne	○	Dwuletni
Bylina	○	Sadzonka

Data

Kiełkujące

Zasadzone

Zebrane

Poziom światła

Słońce

Częściowe słońce

Odcień

Inne

Rozpoczęte od

Nasiona

Zakład

Ocena

Rozmiar	○○○○○
Kolor	○○○○○
Smak	○○○○○

Nawozy
i urządzenia

Zapotrzebowanie
na wodę

0%
mniej

Instrukcja
pielęgnacji

Instrukcja sadzenia

Uwagi dodatkowe

Dziennik ogrodniczy

<table>
<tr><td>Nazwa</td><td>Lokalizacja</td></tr>
<tr><td>Dostawca</td><td>Cena</td></tr>
</table>

Klasa naukowa

Rośliny	○	Owoce
Ziele	○	Kwiatek
Krzew	○	Drzewo
Roczne	○	Dwuletni
Bylina	○	Sadzonka

Data

Kiełkujące

Zasadzone

Zebrane

Poziom światła

Słońce

Częściowe słońce

Odcień

Inne

Rozpoczęte od

Nasiona

Zakład

Ocena

Rozmiar	○○○○○
Kolor	○○○○○
Smak	○○○○○

Nawozy
i urządzenia

Zapotrzebowanie
na wodę

0%
mniej

Instrukcja
pielęgnacji

Instrukcja sadzenia

Uwagi dodatkowe

Dziennik ogrodniczy

Nazwa	Lokalizacja

Dostawca	Cena

Klasa naukowa

Rośliny	⚪	Owoce
Ziele	⚪	Kwiatek
Krzew	⚪	Drzewo
Roczne	⚪	Dwuletni
Bylina	⚪	Sadzonka

Data

Kiełkujące

Zasadzone

Zebrane

Poziom światła

Słońce

Częściowe słońce

Odcień

Inne

Rozpoczęte od

Nasiona

Zakład

Ocena

Rozmiar	⚪⚪⚪⚪⚪
Kolor	⚪⚪⚪⚪⚪
Smak	⚪⚪⚪⚪⚪

<table>
<tr><td>Nawozy
i urządzenia</td><td>Zapotrzebowanie
na wodę</td></tr>
</table>

0%
mniej

<table>
<tr><td>Instrukcja
pielęgnacji</td><td>Instrukcja sadzenia</td></tr>
</table>

Uwagi dodatkowe

Dziennik ogrodniczy

Nazwa	Lokalizacja
Dostawca	Cena

Klasa naukowa

Rośliny	○	Owoce
Ziele	○	Kwiatek
Krzew	○	Drzewo
Roczne	○	Dwuletni
Bylina	○	Sadzonka

Data

Kiełkujące

Zasadzone

Zebrane

Poziom światła

Słońce

Częściowe słońce

Odcień

Inne

Rozpoczęte od

Nasiona

Zakład

Ocena

Rozmiar	○○○○○
Kolor	○○○○○
Smak	○○○○○

Nawozy
i urządzenia

Zapotrzebowanie
na wodę

0%
mniej

Instrukcja
pielęgnacji

Instrukcja sadzenia

Uwagi dodatkowe

Dziennik ogrodniczy

Nazwa	Lokalizacja
Dostawca	Cena

Klasa naukowa

Rośliny	○	Owoce
Ziele	○	Kwiatek
Krzew	○	Drzewo
Roczne	○	Dwuletni
Bylina	○	Sadzonka

Data

Kiełkujące

Zasadzone

Zebrane

Poziom światła

Słońce

Częściowe słońce

Odcień

Inne

Rozpoczęte od

Nasiona

Zakład

Ocena

Rozmiar	○○○○○
Kolor	○○○○○
Smak	○○○○○

Nawozy
i urządzenia

Zapotrzebowanie
na wodę

0%
mniej

Instrukcja
pielęgnacji

Instrukcja sadzenia

Uwagi dodatkowe

Dziennik ogrodniczy

<table>
<tr><td>Nazwa</td><td>Lokalizacja</td></tr>
<tr><td>Dostawca</td><td>Cena</td></tr>
</table>

Klasa naukowa

Rośliny	○	Owoce
Ziele	○	Kwiatek
Krzew	○	Drzewo
Roczne	○	Dwuletni
Bylina	○	Sadzonka

Data

Kiełkujące

Zasadzone

Zebrane

Poziom światła

Słońce

Częściowe słońce

Odcień

Inne

Rozpoczęte od

Nasiona

Zakład

Ocena

Rozmiar	○○○○○
Kolor	○○○○○
Smak	○○○○○

Nawozy
i urządzenia

Zapotrzebowanie
na wodę

0%
mniej

Instrukcja
pielęgnacji

Instrukcja sadzenia

Uwagi dodatkowe